Impressum

Verlag: BABADADA GmbH, Nedderfeld 112 , 22529 Hamburg

Geschäftsführer / Verlagsleitung: Harald Hof

Druck: Books on Demand GmbH, In de Tarpen 42, 22848 Norderstedt

Imprint

Publisher: BABADADA GmbH, Nedderfeld 112 , 22529 Hamburg, Germany

Managing Director / Publishing direction: Harald Hof

Print: Books on Demand GmbH, In de Tarpen 42, 22848 Norderstedt, Germany

مكتب

duɗal

صنف درسی
jangirdu
تقسیم کردن
feccu
186/2
تخته
alluwal
dingiral duɗal
معلم
ceerno
کاغذ
kaayit
نوشتن
windu
خودکار
bindirgal
میز کار
biro
خط کش
pondirgal
کتاب
deftere
شاگرد
almuudo

بیگ مکتب

sakosel

قلم دانی

suudu kuɗol

پنسل

kuɗol

پنسل تراش

ceeɓnoowo kuɗol

پنسل پاک

momtirgal

کتابچه رسم

nokku diidirɗo

نقاشی

diidgol

برس رنگ زنی

diidirgal

بکسک رنگه

suudu diidordu

قیچی

sisooje

سریش

kol

کتاب تمرین

deftere softinorde

کار خانگی

coftinogol

عدد

tongoode

جمع کردن

ɓeydu

تفریق کردن

ustu

ضرب کردن

hebbin

حساب کردن

lim

حرف

ɓataake

الفبا

hijju

کلمه

kongol

متن

....

windande

خواندن

....

jangu

تباشیر

....

bindirgal

درس

....

darsu

ثبت نام

....

wiṇdaade

امتحان

....

ÿeewtogol

تصدیقنامه

....

ijaazi

یونیفورم مکتب

....

wutte jaŋirɗo

تحصیل

....

jaŋde

دانشنامه

....

ɗowitorde mawnde

پوهنتون

....

jaaɓi haatirde

مایکروسکوپ

....

mokoroskop

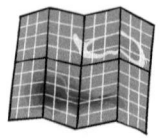

نقشه

....

wertaango

سبد کاغذ باطله

....

siwo mbalis

سفر

ɗannaade

هوتل
otel
Grand
لیلیه
hoɗirdu
ROOMS
دفتر صرافی
nokku beccirɗo
EXCHANGE
بیگ سفری
woliis
موتر
oto

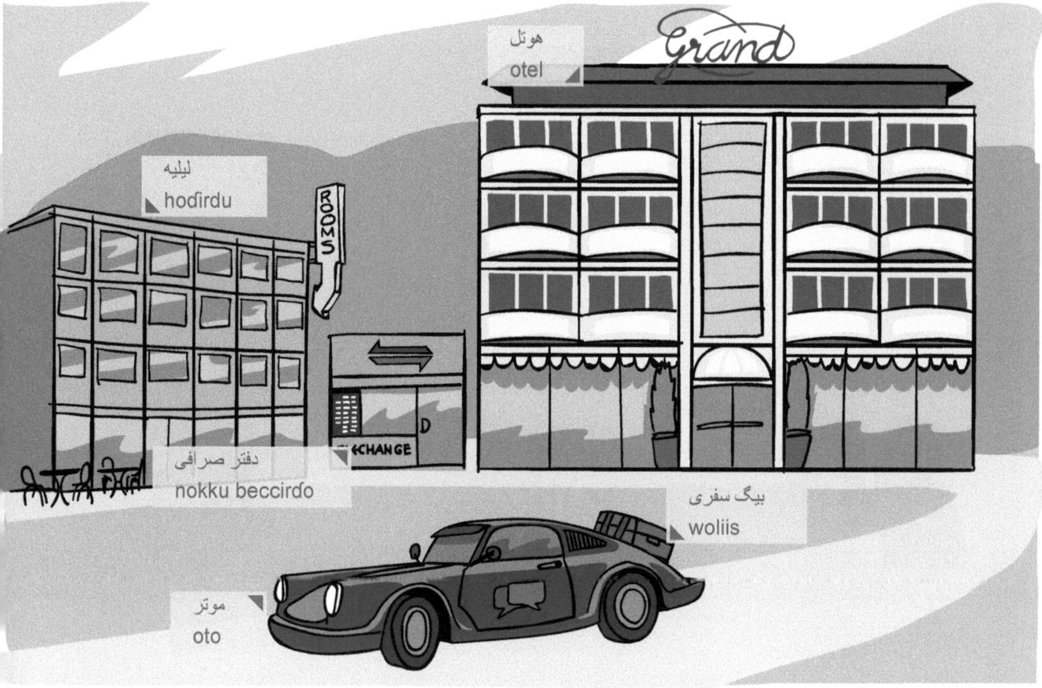

زبان

ɗemngal

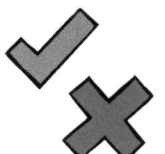

بلی / نخیر

ey / ala

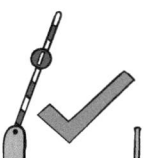

بسیار خوب

Eyyo

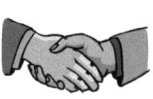

سلام

mbaɗɗa

مترجم

pirtoowo

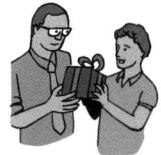

تشکر از شما

jaraama

قیمتش چقدر است؟

hono foti...?

نمی فهمم

mi faamaani

مشکل

satteende

عصر بخیر! / شب بخیر!

jam hiiri

صبح بخیر!

jam waali

شب بخیر!

jam waal

خداحافظ

baay baay

مسیر

ngardiindi

بار مسافر

kaake

بیگ

saak

بیگ پشتکی

saak bakke

مهمان

koɗo

اطاق

suudu

بستره خواب سیار

saak ɗaanorɗo

خیمه

taanta

6

سفر - ɗannaade

معلومات توریستی

kabaaru jillotooɗo

ساحل

palaaz

کریدیت کارت

kartal keredii

صبحانه

kasitaari

طعام چاشت

bottaari

غذای شام

hiraande

تکت

tikkett

لفت

suutde

مهر

tembere

مرز

keerol

گمرک

soodooɓe

سفارتخانه

ambasaat

ویزه

wiisa

پاسپورت

paaspoor

حمل و نقل

yangarta

طیاره
ndiwooka
کشتی
batoo
موتر اطفاییه
motoor jeyngol
بس
biis
لاری
kamiyooŋ
قایق موتوری
laana motoor
بایسکل
welo
موتر
oto

کشتی

baak

قایق

laana

موترسایکل

welo motoor

موتر پولیس

oto poliis

موتر مسابقه

oto dandu

موتر کرایی

otoluwaaɗo

اشتراک وسایط

rendude oto

جرثقیل

leŋge

موتر حمل زباله

kamiyooŋ salo

موتور

moto

تیل

gaas

تانک تیل

esaaseer

علامت ترافیکی

maantorde tali

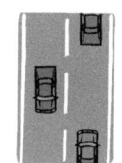

عبور و مرور

tali

راهبندان

ɓittugol tali

پارک وسایط

darnirde oto

ایستگاه ریل

dartorde teree

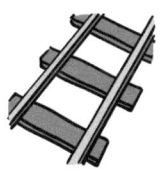

خط ریل

laabi

ریل

teree

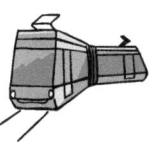

ریل برقی

taraam

واگن

nawgol

هلیکوپتر

elikooteer

میدان هوایی

aydapoor

برج

huɓeere

مسافر

jahoowo

کانتینر

kontaneer

کارتن

kees

گادی

saret

سبد

siwo

پرواز کردن / فرود آمدن

diw / tello

شهر

wuro

قریه

saare

تیاتر شهر

hakkunde wuro

خانه

galle

سینما
siinemaa
اعلان
yeeynude
CINEMA
چراغ سرک
lampa mbedda
سرک
mbedda
تکسی
taksi
فروشگاه اسنک
yeeyirde sinak
عابر پیاده
jahoowo
پیاده رو
laawol
چهار راهی
ɓennude
خطوط عابر پیاده
ɓennugol mbaba ladde
سطل آشغال
siwo
چراغ راهنمایی
pooye laawol

کلبه

tiba

آپارتمان

hoɗorde

ایستگاه ریل

dartorde teree

تالار شهر

meeri

موزیم

miise

مکتب

duɗal

پوهنتون

jaaɓi haatirde

بانک

baŋke

شفاخانه

safrirdu

هوتل

otel

دواخانه

farmasii

دفتر

gollorde

کتابفروشی

yeeyirde defte

مغازه

yeeyirde

گل فروشی

mo nehoowo leɗɗe

سوپر مارکیت

duggere

فروشگاه

jeere

فروشگاه

yeeyirde diiwaan

ماهی فروشی

mo gawoowo

مرکز خرید

nokku njeeygu

بندر

telloorde

پارک

parka

دراز چوکی

jooɗorde

پل

pooŋ

زینه ها

ŋabbirɗe

مترو

les leydi

تونل

laawol les

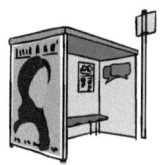

ایستگاه بس

dartorde biis

میخانه

baar

رستورانت

restoraaŋ

صندوق پست

suudu posto

علامت سرک

maantorde mbedda

ماشین پارکو متر

meetorde parka

باغ وحش

nehirde kulle

حوض آببازی

pisiin

مسجد

jumaa

مزرعه
....
ngesa

آلوده گی
....
bonande

قبرستان
....
genaale

کلیسا
....
ekiliis

میدان بازی
....
dingiral

معبد
....
tempele

چشم انداز

satto

برگ
ɗerewol

لوحه
maantogal

راه
laawol

علفزار
▲ paraad

سنگ
haayre

درخت
lekki

کوهنورد
▲ diwoowo

دریا
caangol

علف
huɗo

گل
baramlefol

دره

fongo

تپه

tiwaande

دریاچه

weendu

جنگل

dundu

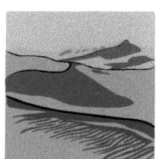

صحرا

ladde

آتشفشان

wolkaaŋ

قلعه

hoɗorde

رنگین کمان

timtimol

سمارق

wiiduru gaynaako

درخت آلو

lekki koko

پشه

ɓongu

مگس

diw

مورچه

ñuuñu

زنبور

ñaaku

عنکبوت

njabala

قانغوزک

karaab

بقه

paaɓa

موش خرما

jiire

خارپشت

nguru paaɓa

خرگوش صحرایی

wojere

بوم

hooweere

پرنده

ndiwri

مرغابی

kankaleewal

خوک وحشی

fowru

گوزن

lella

گوزن شمالی

kooba

بند آب

baaraas

توربین بادی

seɗa hendu

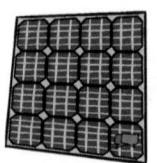

صفحه خورشیدی

mbeɗu naange

آب و هوا

kilimaaŋ

رستورانت

restoraaŋ

پیشخدمت
carwoowo
مینوی غذا
ndefu
چوکی
jooɗorde
سوپ
suppu
پیتزا
pissaa
قاشق و پنجه و کارد
wutayel
روی میزی
nappu

پیش غذا

puɗɗorɗo

غذای اصلی

barme mawɗo

شرینی

deseer

نوشیدنی ها

njarameeje

غذا

ñamri

بوتل

bitel

فاست فود

fastfuut

غذای کنار سرک

ñaamde mbedda

چاینک/ترموز

pot ataaya

قندانی

taasa suukara

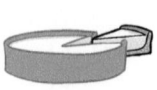

بخش غذا

geɗal

دستگاه اسپرسو

masiŋ esperesoo

چوکی بلند

jooɗorde toownde

بل

faktiir

پطنوس

terey

چاقو

paaka

پنجه

fursett

قاشق

kuddu

قاشق چای خوری

kuddu ataaya

دستپاک دسترخوان یا میز

torsooŋ

گیلاس

weer

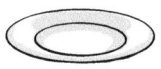

بشقاب

....

palaat

بشقاب سوپ

....

palaat suppu

نعلبکی

....

coosoowo

چتنی

....

soos

نمکدان

....

pot lamɗam

آسیاب مرچ

....

poobaar

سرکه

....

wineegar

روغن خوراکی

....

diwliin

ادویه

....

kaaniije

کچاپ

....

ketsoop

ساس خردل

....

mutaarde

مایونز

....

maynees

سوپر مارکیت

duggere

پیشنهاد خاص
dokkal teentungal
FOR
مشتری
coodoowo
لبنیات
deftel
میوه
ɓingel leggal
چرخ دستی
saret

قصابی

mo jeeyoowo teewu

نانوایی

mo piyoowo mburu

وزن کردن

ɓett

سبزیجات

ɓiɓe leɗɗe

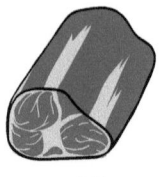

گوشت

teewu

غذای منجمد

ñamri fendiindi

غذای سرد

....

teewu ɓuuɓngu

غذای کنسر شده

....

ñamri

پودر رختشویی

....

omo

شیرینی

....

tangaleeji

لوازم خانگی

....

geɗe galle

محصولات پاک کننده

....

geɗe laɓɓinooje

فروشنده

....

jeeyoowo

دخل پیسه

....

hippoode

صندوقدار

....

ngaluyanke

لست خرید

....

limo soodetee

ساعات کاری

....

waktuuji gudditeeɗi

بکسک جیبی

....

kalbe

کریدیت کارت

....

kartal keredii

بیگ

....

saak

بیگ پلاستیکی

....

saak dalli

نوشیدنی ها
njarameeje

آب

ndiyam

جوس

sii

شیر

kosam

نوشابه

Koowk

شراب

sangara

بیر

sangara

الکول

alkol

ککو

koka

چای

ataaya

قهوه

kafe

اسپرسو

esperesoo

کاپوچینو

kaputsiino

كيله

....

banaana

سیب

....

pomere

مالته

....

oraaŋs

تربوز

....

dende

ليمو

....

limoŋ

زردگ

....

karott

سير

....

laac

چوب خيزران

....

bambuu

پياز

....

soblere

سمارق

....

wiiduru gaynako

مغزيات

....

gerte

آش

....

kodde

مکرونی
....
espaketii

برنج
....
maaro

سلاد
....
solaat

چیپس
....
sipse

کچالو سرخ کرده
....
padaas pasnaaɗo

پیتزا
....
pissaa

همبرگر
....
amburgoor

ساندویچ
....
sandiis

کتلت
....
tayre

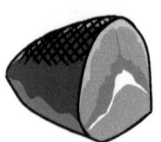

همبرگر
....
heltinde

سالامی
....
salaami

ساسچ
....
soosiis

مرغ
....
gertogal

کباب
....
juɗe

ماهی
....
liingu

فرنی جو

karaw

صبحانه رژیمی

miyesli

کورن فلکس

butaali makka

آرد

cafka

کروسانت

koraasaŋ

قرص نان

loocol mburu

نان خشک

mburu

توست / نان بریان

mburu

بیسکیت

mbiskit

مسکه

boor

چکه

caakri

کیک

ngato

تخم مرغ

boofoode

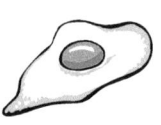

تخم مرغ سرخ شده

bofoode defaaɗo

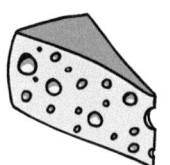

پنیر

formaas

آيسكريم

kerem galaas

شكر

suukara

عسل

njuumri

مربا

piire

مسكه چاكليت

soosde sokola

زردچوبه هندی

kiri

مزرعه

ngesa

گودام غله
خرمن گاه
sufirdu
زمین زراعتی
boowal
اسب
puccu
تریلر
pooɗoowo
تراکتور
masiŋ ndema
کره اسب
fuuwal
خر
mbabba
گوسفند
njawdi
بره
mbortu

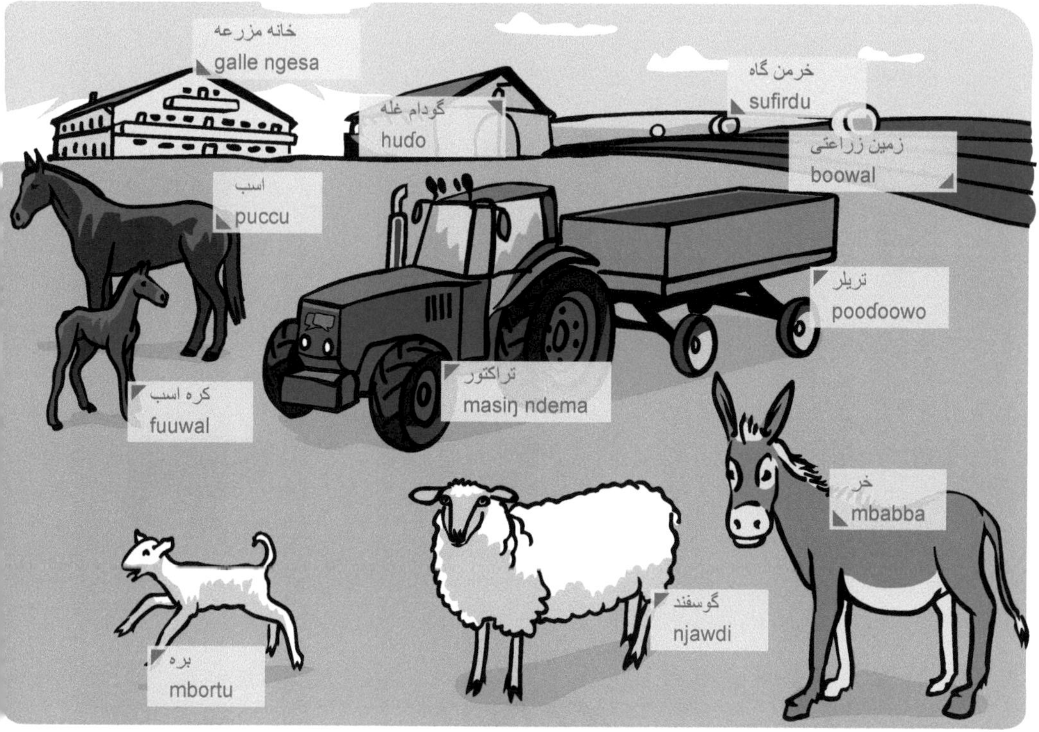

بز

ndamndi

گاو

ngaari

گوساله

ñale

خوک

mbaba tugal

خوکچه

ɓingel tugal

گاو نر

ngaari

قاز

jaawalal

مرغابی

jaawangal

چوچه مرغ

gertogal

مرغ

jarlal

خروس

ngori

موش صحرایی

doombru

پیشک

ulluundu

موش

dombru

گاومیش

ngaari

سگ

rawaandu

خانه سگ

suudu rawaandu

خانه باغ

lekki werte

آبپاش

bitel ndiyam

داس

jalo

قولبه کردن

jabbude

داس
....
wafdu

کج بیل
....
caga

چنگال باغبانی
....
furset yettirɗo

تبر
....
jambere

کراچی
....
burwett

تغار
....
jardugal

قوطی شیر
....
bitel kosam

بوجی
....
bonnude

دیوار مرزی از چوب یا سیم خار دار
....
heerorde

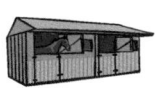

پایدار
....
dari

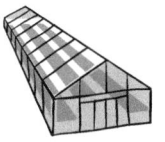

گلخانه
....
resofmaaŋ

خاک
....
leydi

تخم
....
aawdi

کود
....
engere

ماشین درو وخرمنکوبی
....
rendin coñoowo

درو کردن

soñ

درو

coñal

کچالو شرین

ñambi

گندم

ndiyamiri

سویا

soozaa

کچالو

padaas

جواری

makka

کلزا

aawdi adan

درخت میوه

lekki ɓesnooki

مانیوک

kasaawa

غلات و حبوبات

gawri

خانه

galle

دودکش
semineey
پشت بام
mbildi
آب رو
wuddere nawirde
کلکین
falanteere
گراج
gaaraas
زنگ دروازه
noddirgel dama
دروازه
damal
سطل زباله
ciwu mbalis
صندوق نامه
suudu ɓataake
باغچه
sardiŋe

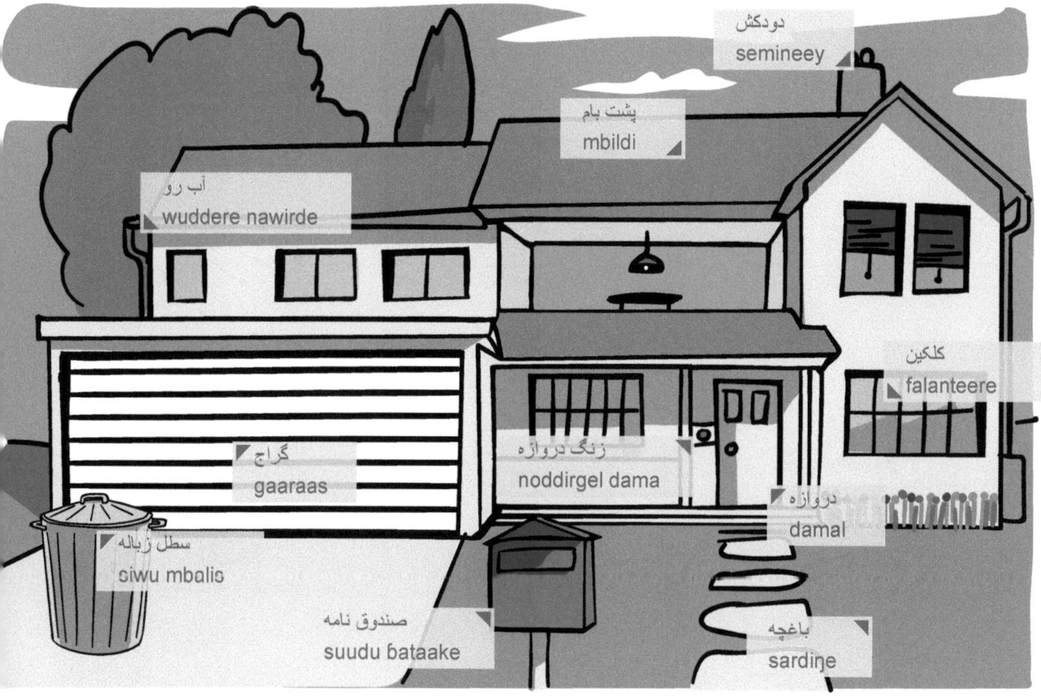

اطاق نشیمن

saal

حمام / دستشویی

lootorde

آشپزخانه

waañ

اطاق خواب

suudu lelteendu

اطاق اطفال

suudu suka

اطاق پذیرایی

suudu hirtordu

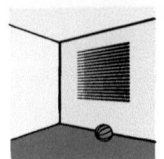

کف زمین

leydi

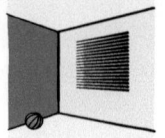

دیوار

miir

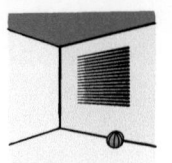

سقف

dira

گودام زیر زمینی

masiŋel

سونا

soona

بالکن

balkooŋ

برنده / بالکن

teeraas

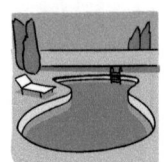

حوض

pisin

ماشین درو کردن چمن

tondoos

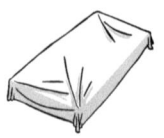

ورق کاغذ

kaayit

روجایی

mbertanteeri

تختخواب

lelnde

جارو

pittirɗe

سطل

siwoo

سویچ

waylu

اطاق نشیمن
saal

کاغذ دیواری
foodekaraŋ
تصویر
nattal
چراغ
lampa
قفسه
dow
کابینت
baye
تلویزیون
lewe
بخاری دیواری
fotekaaŋ
گل
baramlefol
بالشت
njegenaay
کوچ
soofaa
گلدان
kaas
ریموت کنترول
komaande

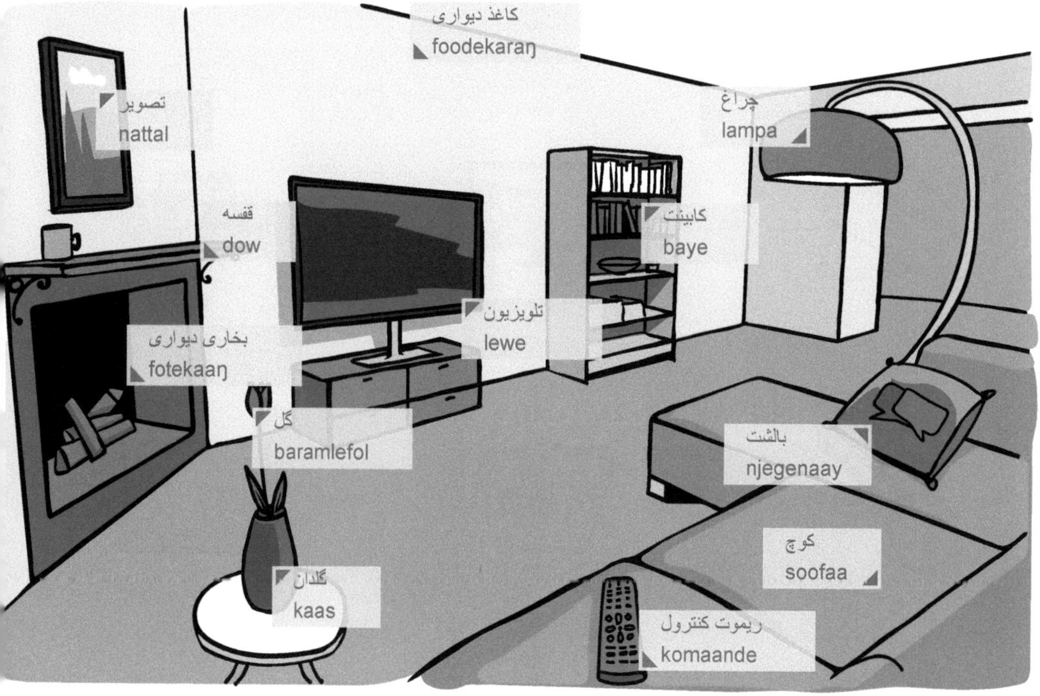

فرش
tappi

پرده
rido

میز
taabal

چوکی
jooɗorde

چوکی گهواره یی
jooɗorde timmunde

چوکی دسته دار
tuggorde

کتاب

deftere

کمپل

suddaare

دکوراسیون

cinki

هیزم

docotal

فلم

filmo

سیستم های فای

kuutorɗe hi-fi

کلید

caabi

روزنامه

jaaynde

تابلوی نقاشی

pentiirde

پوستر

posteer

رادیو

haalirde

دفتر

deftel mooftirgel

جاروبرقی

ŋabbude

کاکتوس

siwo lekki

شمع

sondel

آشپزخانه
waañ

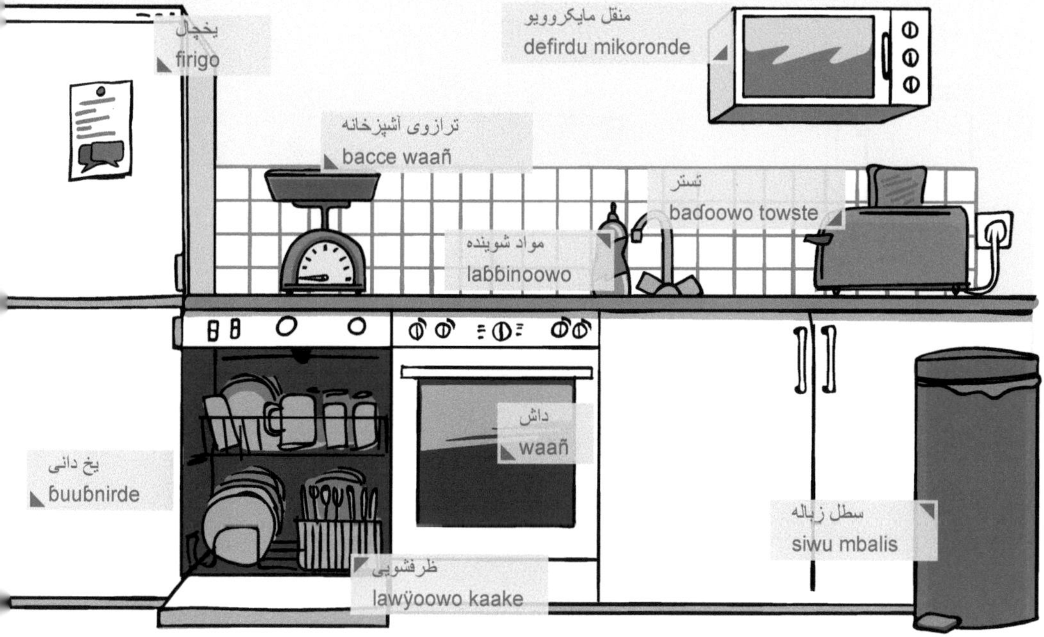

یخچال
firigo
منقل مایکروویو
defirdu mikoronde
ترازوی آشپزخانه
bacce waañ
تستر
baɗoowo towste
مواد شوینده
laɓɓinoowo
داش
waañ
یخ دانی
ɓuuɓnirde
سطل زباله
siwu mbalis
ظرفشویی
lawỳoowo kaake

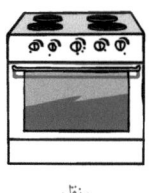

منقل
defoowo

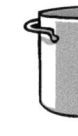

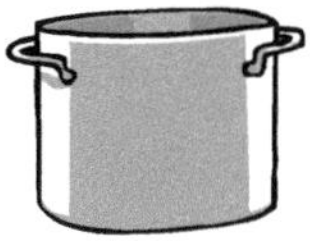

دیگ
pot

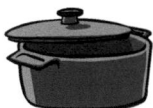

دیگ چدنی
pot baɗɗo njamdi

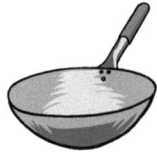

کراهی
lehel

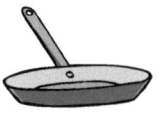

تابه
lahal

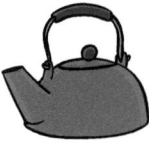

چای جوش
baraade

بخارپز

gulnoowo

پطنوس طباخی

fuur cumirɗo

ظروف

wiisirde

پیاله کلان

kaas

کاسه

taasa

چاپستیک ها

bakett

ملاقه

heɗirde

کفگیر

kuundal

مخلوط کننده

burgal

چلو صاف

gulnirɗo

غلبیل

pool

رنده

koosoowo

هاونگ

wowru

بار بیکیو

njuɗu

آتش باز

lewlewndu

تخته برش

alluwal tayirgal

آشگز

dullirgal

سر بازکن

tenaay

قوطی

potyel

سر باز کن

udditirɗo potyel

دستگیره تکه ای

jaggoowo pot

ظرف شویی

lawÿirde

برس ظرف شویی

borisde

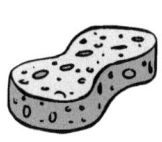

اسفنج

epoos

مخلوط کن

jiiɓoowo

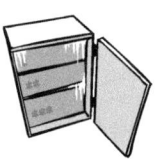

فریزر

firigo juutɗo

شیر چوشک اطفال

bitel tiggu

نل آب

robine

حمام / دستشویی

lootorde

شاور
ɓuftogol
گرم کننده
wulnude
جان پاک
sarbet
پرده حمام
rido ɓuftorde
حمام کف
sumbu lootorɗo
تب حمام
nokku lootorɗo
گیلاس
weer
ماشین لباسشویی
masiŋ guppirɗo
robine
کاشی
biifi
پات اطفال
woppirde
ظرف شویی
lawŷirde

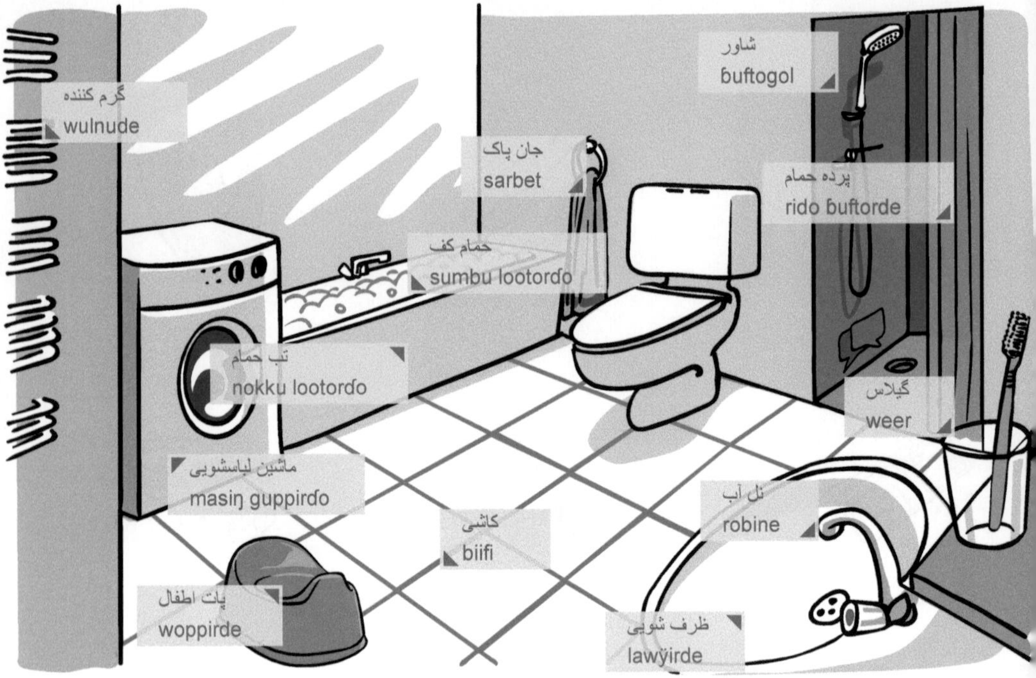

تشناب

heblorde

کمود فرشی

yaltirde les

کمود

yaltirde

تشناب مرد ها

soofirde

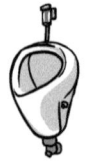

کاغذ تشناب

kaayit heblorde

برس کمود

boros heblorde

38 حمام / دستشویی - lootorde

برس دندان

boros ñiiÿe

کریم دندان

pat cocorɗo

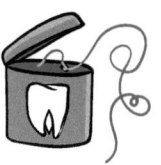

نخ دندان

cocorgal

شستن

lawyu

شاور دستی

ɓuftorde jungo

شاور کمود

jampe

دستشویی

taasa

برس پشت

boros keeci

صابون

saabunde

جل حمام

nebam ɓuftorde

شامپو

sampoye

لیف

lootogel

آب رو

yupude

کریم

mileen

بوزدا

lati

آینه

daarogal

آینه دستی

daarogal jungo

ریش تراش

rasuwaar

کف ریش تراشی

sumbu pemborɗo

کلونیا

lallitirde

شانه موی

koomu

برس

boros

سشوار

yoorno hoore

اسپری مو

uurna hoore

آرایش

makiyaas

لب سرین

lippo

رنگ ناخن

emaaye segene

پشم پنبه

wiro

ناخن گیر

sisooje segene

عطر

parfooŋ

کیسه شستشو

saawdu lawyirdu

چوکی چار پایه

kuudi

ترازوی وزن

bacce ɓetirde

جان پاک

wutte lootorɗo

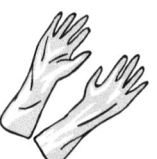

دستکش پلاستیکی

kawaseeje dalli

تامپون

tampooŋ

کوتکس

sarbet laɓɓinoorɗo

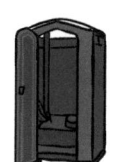

تشناب سیار

lootogol cellungol

اطاق اطفال

suudu suka

ساعت زنگ دار
mantoor pindinoowo
گدی های نرم
pijirgel ɗaatngel
موتر سامان بازی
oto fijirde
جرنگانه
rekeet
خانه گدی
هدیه
tawa

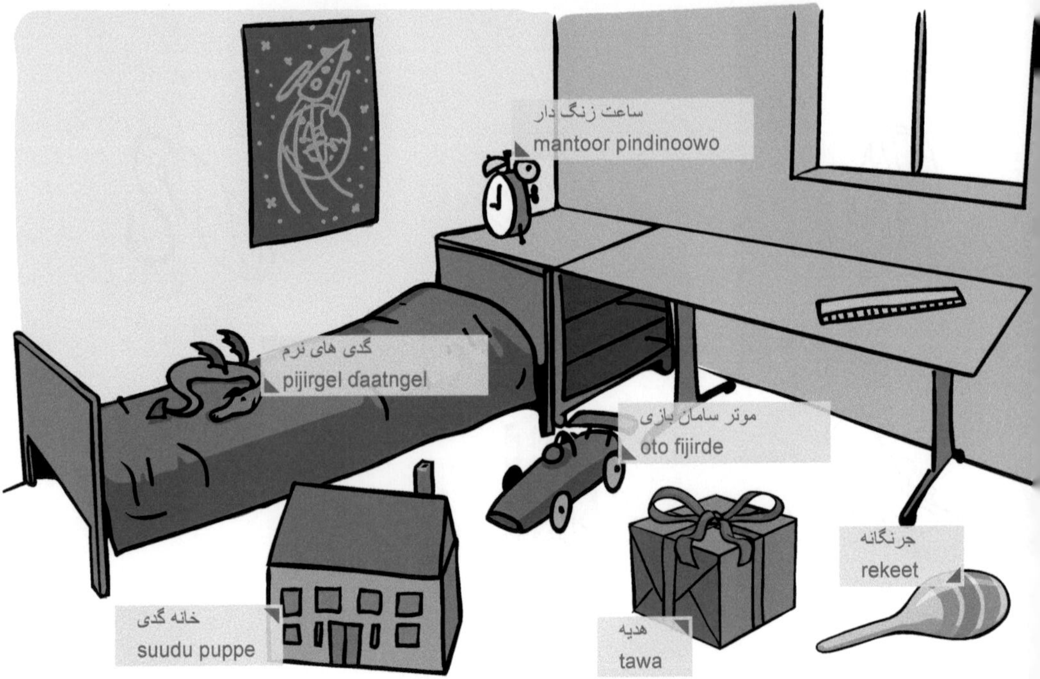

پوقانه

balooŋ

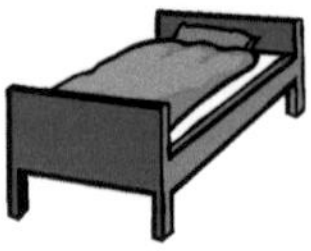

تختخواب

lelnde

ریکشه اطفال

puus puus

قطعه بازی

taabal karte

پازل

juwirgal

خنده آور

jalnii

خشت های لگو

tuufeeje lego

بلوک های سامان بازی

kaaÿe maadi

پچه فلم

pijirgel suka

لباس طفل

wutte suka

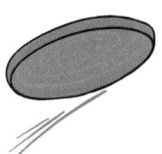

فریزبی

mbiifu

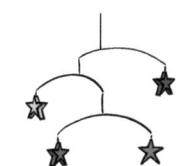

سامان بازی که روی تخت خواب اطفال
اویزان می شود

noddirgel

بازی تخته یی

fijirde alluwal

تاس

dee

ریل اسباب بازی

tereŋ jahiroowo batiri

چوشک

ɗaayɗo

مهمانی

hiirde

کتاب تصویری

deftere natte

توپ

bal

گدیگک

puppe

بازی کردن

fij

جعبه ریگ

ngaska leydi

گاز

yirlude

اسباب بازی

pijirɗe

کنسول بازی کمپیوتری

fijirde widoo peley

سه چرخه

biifi tati

خرس سامان بازی

uluundu pijirgel

الماری لباس

woliis

لباس

ɓoornogol

جوراب

kawaseeje

جوراب دراز

baardinirɗi

برجس

dogirɗi

چادر سر
muurnorde

کمربند
dadorde

چتری
paraseewal

بلوز
tiset

کرمچ
dogirɗe

بوت
bataaje

چپلک

چپلی

caraax

بوت

paɗe

موزه پلاستیکی

bataaje dalli

نیکر

cakkirɗi

واسکت زنانه

site ŋoos

واسکت

weste

بدن

ɓandu

برزو

tuuba

پتلون کاوبای

jiin

دامن

sippu

بلوز

buluus

پیراهن

wuttel

یالان

piliweer

جاکت کلاه دار

njallaaba

جاکت

balaseer suka

چمپر

jakett

کورتی

sabandoor

کوت بارانی

wutte toɓo

لباس مخصوص مراسم

kossim

پیراهن

robbo

لباس عروسی

wutte cuddungu

دريشى

cakkirɗo

لباس خواب

robbo baalduɗo

پاجامه

baaluɗi

سارى

sari

چادر سر

fiilorde

لنگى

kaala

چادرى

misoor

كفتان

haftan

چادر

abaaye

لباس آببازى

lumborɗo

نيكر پاچه دار

leɗɗe

پتلون نصفه

kilooti

لباس ورزشى

dewirɗi

پيش بند

aparooŋ

دستكش

kawase

دكمه

nebbu

عینک

lone

دستبند

jawo

گردن بند

cakka

انگشتر

feggere

گوشواره

hootonde

کلاه پیک دار

laafa

کوت بند

jaggirgal sabandoor

کلاه

kufna

نیکتایی

karwaat

زیپ

korsude

کلاه مصون

tengaade

بند تنبان

jawe

یونیفورم مکتب

wutte jaɲirɗo

یونیفورم

dadorɗo

پیش بند
nappu suka

چوشک
ɗaayɗo

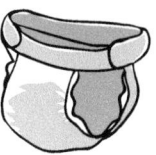

پمپر
fooftini

دفتر
gollorde

سرور
carwoowo
الماری اسناد
nokku bindirɗo
کاغذ
kaayit
پرینتر
jaltinoowo
مانیتور
peewnoowo
میز کار
biro
ماوس
doomburu
فولدر
suudu
کیبورد
bindirgal
سبد کاغذ باطله
siwo mbalis
کمپیوتر
ordinateer
چوکی
jooɗorde

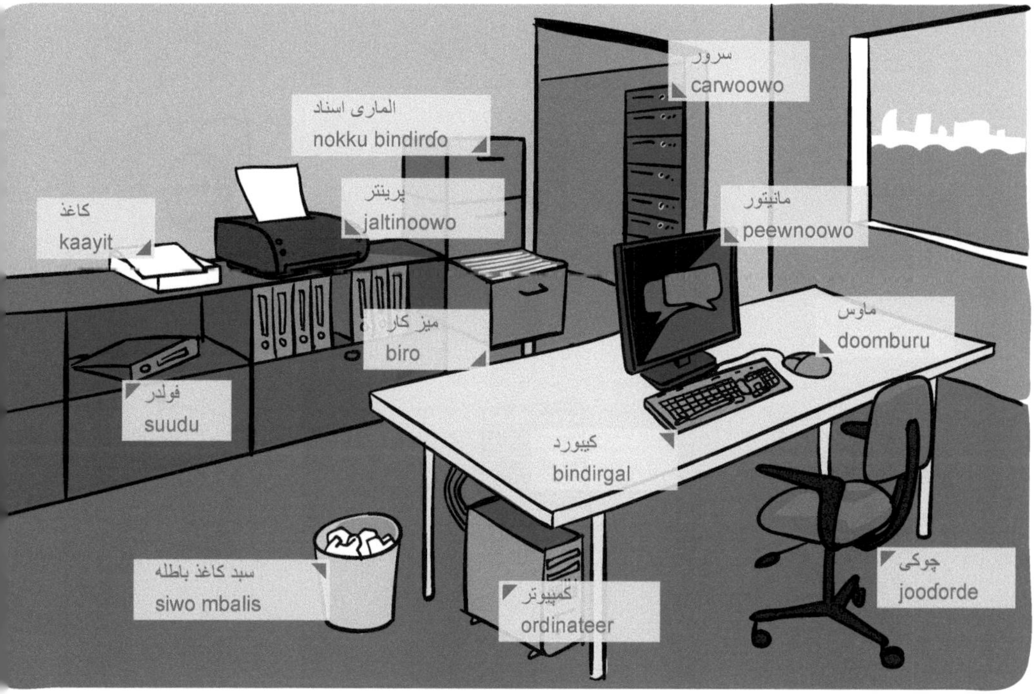

گیلاس قهوه
koppu kafe

ماشین حساب
tongirde

اینترنت
enternet

لپ تاپ

ordinateer

نامه

ɓataake kaayit

پیام

ɓataake

موبایل

noddirgel

شبکه

jokkondiral

ماشین فوتوکاپی

nandinoowo

نرم افزار

kuutorgel

تلیفون

noddirgel

پلک

piriis

دستگاه فکس

masiŋ faksii

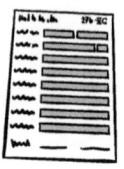

فورمه

sifaa

سند

kaayit

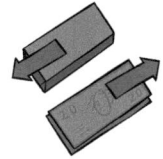

خرید کردن

sood

پرداختن

yoɓ

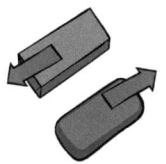

تجارت کردن

yeey

پول

kaalis

دالر

dolaar

یورو

oro

ین

yeen

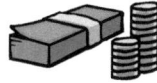

روبل

ruubal

فرانک سوئیس

siiwis farayse

یوان رنمینبی

yuwaan renminbi

روپیه

ruppii

خودپرداز

nokku ngalu

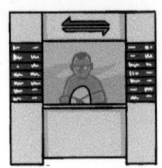

دفتر صرافی

....

nokku beccirɗo

طلا

....

kaɲe

نقره

....

kaalis

نفت

....

peteroŋ

انرژی

....

doole

قیمت

....

coggu

قرارداد

....

jokkondiral

مالیات

....

lempo

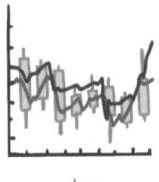

سهام

....

jeyii

کار کردن

....

liggo

کارمند

....

liggotooɗo

استخدام کننده

....

ligginoowo

فابریکه

....

isin

مغازه

....

yeeyirde

شغل ها
golle

افسر پولیس
alkaati
آتش نشان
kaɓoowo jeyngol
آشپز
defoowo
داکتر
cafroowo
پیلوت
dognoo ndiwooka

باغبان
....
mooftoowo

نجار
....
meniise

خیاط
....
gawoowo debbo

قاضی
....
ñaawoowo

کیمیا دان
....
simiyanke

بازیگر
....
aktoor

راننده بس

diirnoowo biis

راننده تکسی

diirnoowo taksi

ماهیگیر

gawoowo

خدمه

debbo pittoowo

سقف ساز

biloowo

پیشخدمت

carwoowo

شکارچی

baañoowo

نقاش

diidoowo

نانوا

piyoo mburu

برقی

peewnoo jeyngol

بنا

mahoowo

انجنیر

eseñoor

قصاب

buusee

نلدوان

polombiyee

پستچی

neɗɗo posto

سرباز
....
soldaat

معمار
....
arsitekte

صندوقدار
....
ngaluyanke

گل فروش
....
leɗɗeyanke

آرایشگر
....
mooroowo

مامور تکت ریل
....
diirnoowo

میخانیک
....
peenoowo jamɗe

کاپیتان
....
gardiiɗo

داکتر دندان
....
safroowo ñiiÿe

دانشمند
....
gando

خاخام/ عالم یهودی
....
babbiin

امام
....
almaami

راهب
....
muwaan

ملا
....
neɗɗo alla

ابزار
kuutorɗe

چکش
maartoo
پلاس
kofooje
پیچ کش
tuurnawiis
چراغ دستی
torsoo
رینچ
tayoowo

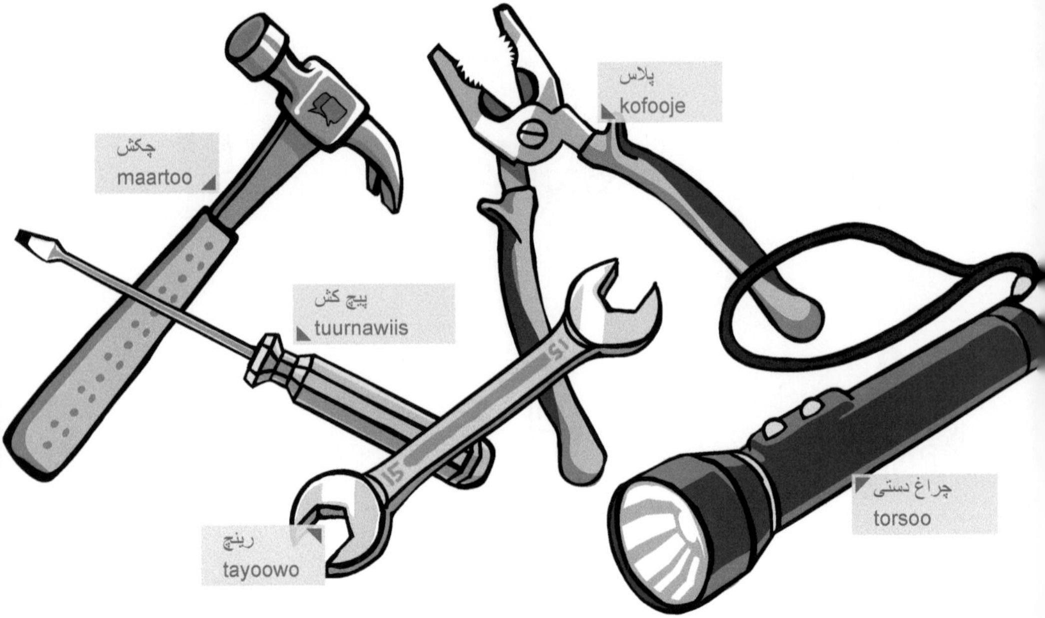

ماشین حفاری

ngasirdi

جعبه ابزار

suudu kuutorɗe

زینه

seel

اره

siiy

میخ

pontooje

برمه

yuwirde

ترمیم کردن
feewnit

بیل
nokkirde

لعنتی!
sooot

خاکروبه
peel

سطل رنگ
pot diidirɗo

پیچ
wiisuuji

آلات موسیقی
pijirɗe

بلندگو
nikoro

درام کیت
buuba

گیتار
gitaar

کنترباس
dubal baas

ترومپت
allaadu

پیانو

piyaano

وایلن

ñaañooru

گیتار بیس

baas

دهل

timpaan

دول

bawɗi

پیانوی برقی

bindirgal

ساکسوفون

saksofooŋ

توله

coolumbel

میکروفون

haaldude

باغ وحش

nehirde kulle

ورودی
naatirde
ببر
cewngu
قفس
sabbunde
گوره خر
mbabba ladde
غذای حیوانات
پاندا
pandaa

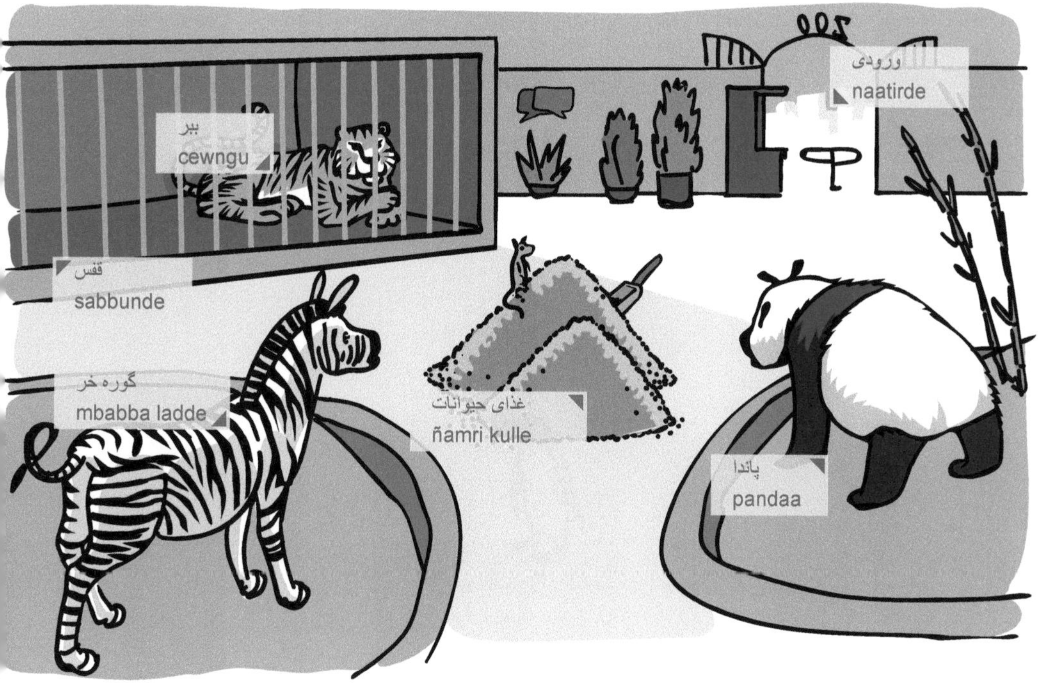

حیوانات
....
kulle

فیل
....
ñiiwa

کانگورو
....
kanguruu

غژ گاو
....
liwoongu

گوریلا
....
waandu

خرس
....
fowru

شتر

ngelooba

شترمرغ

jaawagal

شیر

mbaroodi

میمون

golo

فلامینگو

ñaarpural

طوطی

seku

خرس قطبی

fowru nees

پنگوئن

peŋwee

کوسه

reke

طاووس

ngoriyal

مار

mboddi

تمسا

nooro

نگهبان باغ وحش

deenoowo kulle

سگ آبی

liingu

پلنگ خالدار امریکایی

cewngu

اسب کوچک

molel puccu

پلنگ

cewlu

اسب آبی

ngabu

زرافه

ñamala

عقاب

ciilal

خوک وحشی

fowru

ماهی

liingu

سنگ پشت

heende

شیر دریایی

morsee

روباه

daga

غزال

lella

ورزش ها

cofte ɓalli

فوتبال امریکایی
fugu koyngel Amarik
بایسکل سواری
welo
تنیس
teniis
باسکتبال
basket
آب بازی
lumbaade
هاکی روی یخ
okey e galaas
بوکس
bokse

فوتبال

fugu koyngel

بدمینتون

badminton

ورزشکاری

dogduuji

هندبال

fugu jungo

اسکی

eskiiy

پولو

polo

فعالیت ها

golle

خندیدن
jal
خیز زدن
diw
بغل کردن
uurno
راه رفتن
yah
خواندن
yim
خواب دیدن
hoyɗu
دعا کردن
juul
بوسیدن
ɓuuco

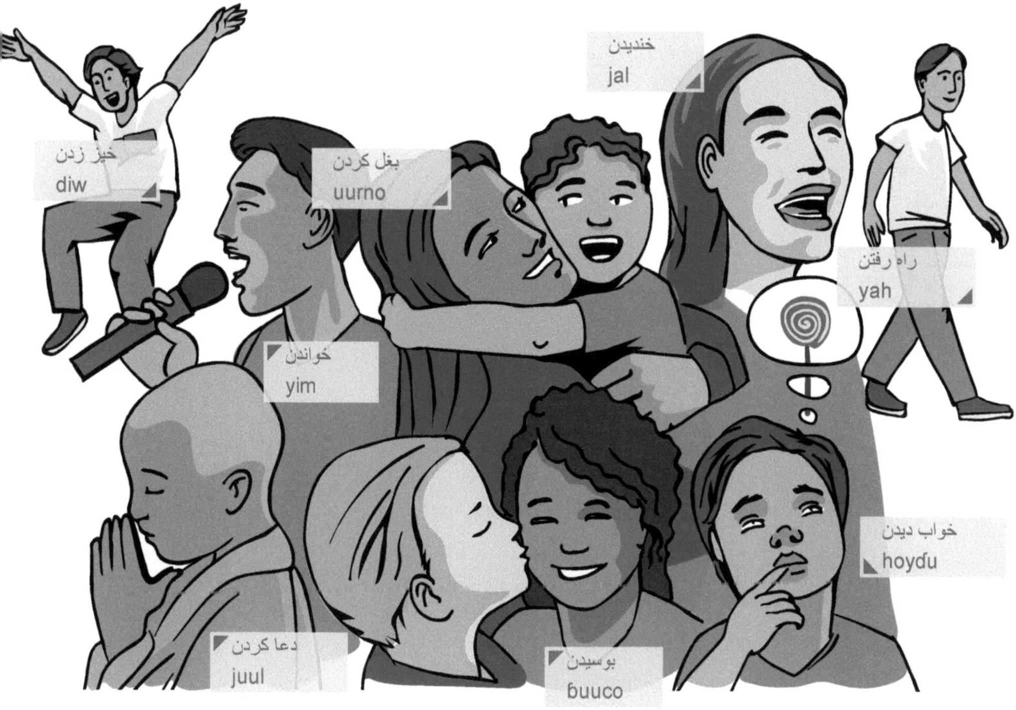

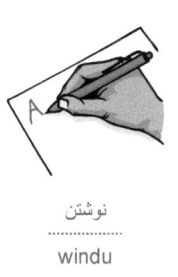

نوشتن

windu

کشیدن

diid

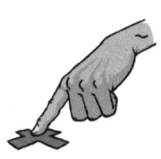

نشان دادن

hollu

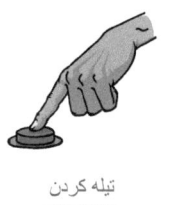

تیله کردن

duñ

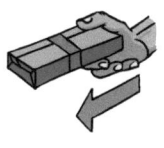

دادن

rokku

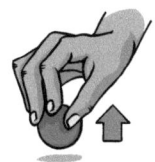

گرفتن

naw

داشتن

jogo

انجام دادن

waɗ

بودن

won

ایستادن

daro

دویدن

dog

کش کردن

ittu

پرتاب کردن

weddo

افتادن

yan

دروغ گفتن

fen

صبر کردن

fad

حمل کردن

naw

نشستن

jooɗo

لباس پوشیدن

ɓoorno

خوابیدن

ɗaano

بیدار شدن

finn

نگاه کردن

ndaar

گریه کردن

woy

ضربه زدن

fiiy

شانه کردن

koomu

صحبت کردن

haal

فهمیدن

faam

پرسیدن

naamdo

گوش دادن

hetto

نوشیدن

yar

خوردن

ñaam

مرتب کردن

haɓɓu

عشق ورزیدن

yiɗ

پختن

def

راننده گی کردن

diirnu

پرواز کردن

diw

روی آب حرکت کردن

....

awyu

حساب کردن

....

lim

خواندن

....

jangu

یاد گرفتن

....

jangu

کار کردن

....

liggo

ازدواج کردن

....

res

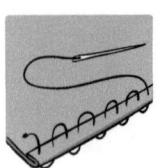

دوختن

....

aaw

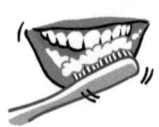

برس کردن دندان ها

....

boris ñiiÿe

کشتن

....

war

سگریت کشیدن

....

simmo

فرستادن

....

neldu

فامیل
ɓesngu

مادرک
aniraaɗo debbo
پدرکلان
taaniraaɗo gorko
پدر
baaba
مادر
yumma
نوزاد
tiggu
دختر
ɓiɗɗo debbo
پسر
ɓiɗɗo gorko

مهمان
....
koɗo

عمه / خاله
....
gogo

ماما/کاکا
....
kaawiraaɗo

برادر
....
mawniraaɗo gorko

خواهر
....
mawniraaɗo debbo

بدن

ɓandu

پیشانی
tiinde
چشم
yitere
شانه
walabo
انگشت
feɗeendu
روی
yeeso
زنخ
waare
دست
jungo
پا
korlal
سینه
endu
بازو
jungo

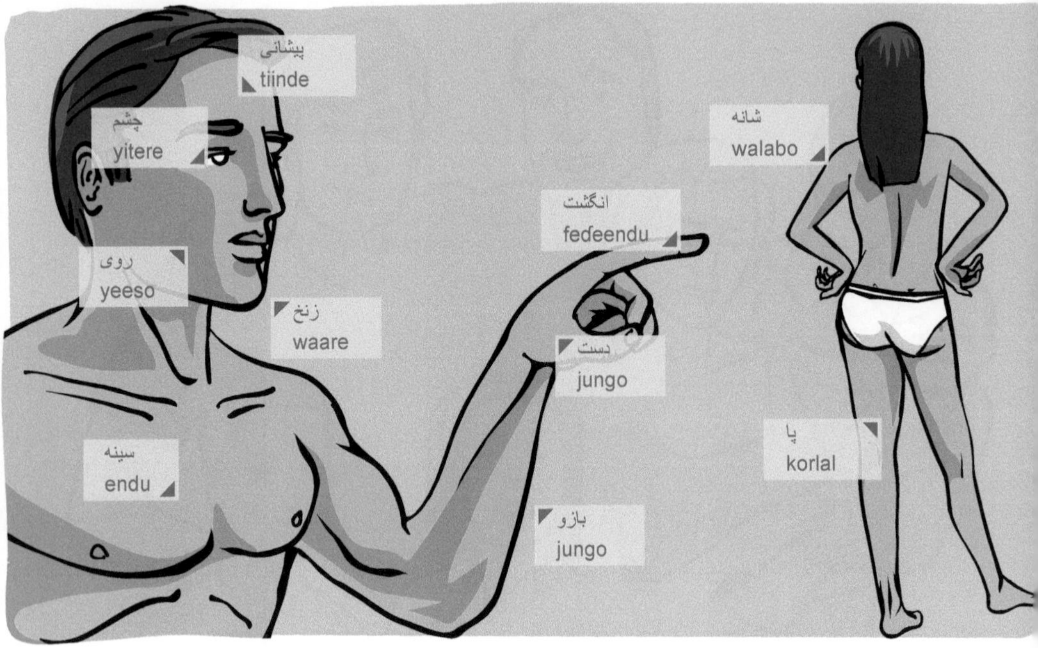

نوزاد

tiggu

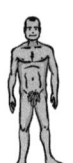

مرد

gorko

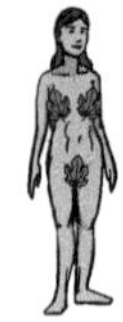

زن

debbo

دختر

debbo

پسر

gorko

سر

hoore

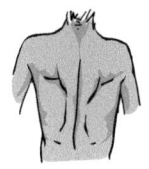

کمر
....
keeci

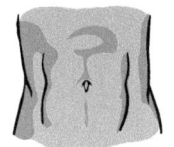

شکم
....
reedu

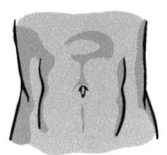

ناف
....
wudduru

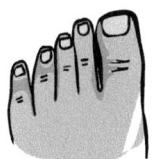

انگشت پا
....
feɗeendu

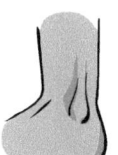

کوری پای
....
njaaɓordi

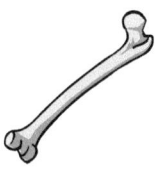

استخوان
....
ÿiyal

کمر
....
buhal

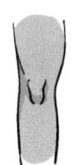

زانو
....
hofru

آرنج
....
fooŋturu

بینی
....
hinere

سرین
....
gaɗa

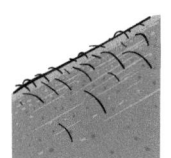

پوست
....
nguru

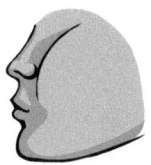

گومه
....
aɓbuko

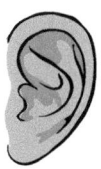

گوش
....
nofru

لب
....
tondu

دهان

hunuko

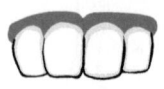

دندان

ñiire

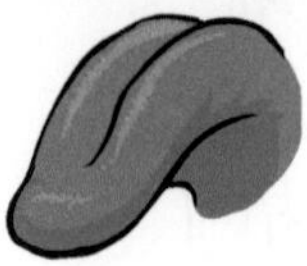

زبان

ɗemngal

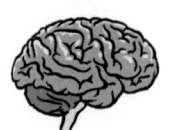

مغز

ngaandi

قلب

ɓernde

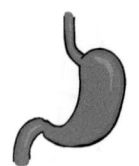

عضله

ÿiye

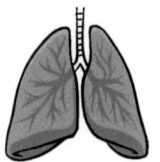

شش

jofe

جگر

heeñere

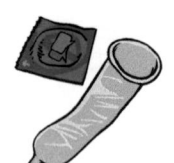

معده

kuuse

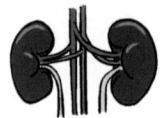

گرده

booÿe

رابطه جنسی

leldaade

کاندوم

kawasal

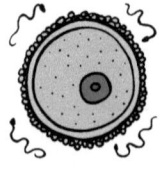

تخمه

ɓoccoonde

آب منی

maniiyu

حاملگی

cowagol

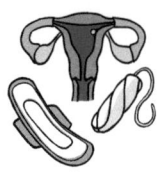

قاعده گی
....
ella

مجرای تناسلی زن
....
kottu

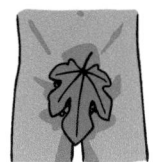

آلت تناسلی مرد
....
soolde

ابرو
....
leeɓol yitere

مو
....
sukundu

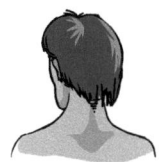

گردن
....
daande

شفاخانه

safrirdu

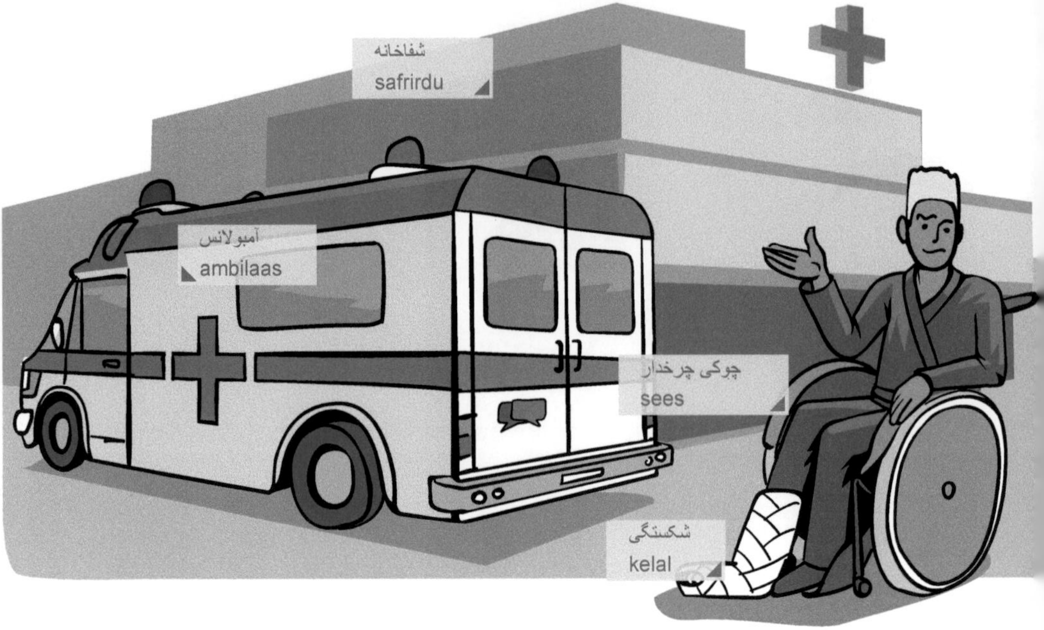

شفاخانه
safrirdu
آمبولانس
ambilaas
چوکی چرخدار
sees
شکستگی
kelal

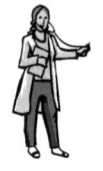

داکتر

cafroowo

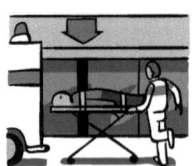

اطاق عاجل

suudu heñaare

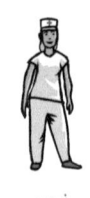

نرس

debbo cafroowo

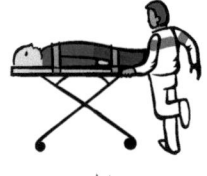

عاجل

heñorde

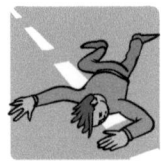

بیهوش

wondaane hakkile

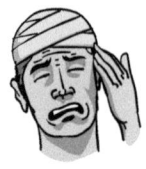

درد

muuseeki

جراحت

gaañande

خونریزی

tuɗde ÿiiÿam

حمله قلبی

muuseeki ɓernde

سکته مغزی

piigol

حساسیت

nefo

سرفه

ɗojjude

تب

ɓandu wulooru

انفلوانزا

pali

اسهال

ndogu reedu

سردرد

hoore muusoore

سرطان

kaaseer

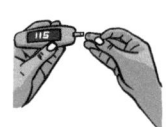

شکر

jabett

جراح

oppiroowo

چاقوی جراحی

jaggirdi

عملیات

oppeere

سی تی

CT

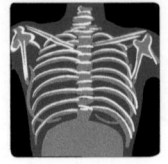

ایکسری

buuɗi x

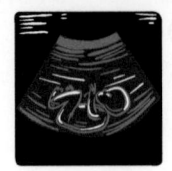

سونوگرافی

iltarasooŋ

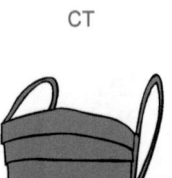

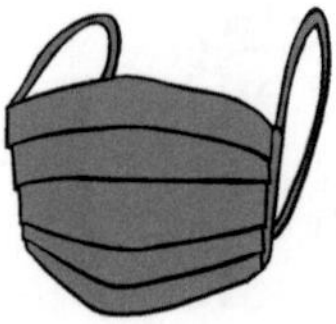

ماسک روی

huurirdu yeeso

مریضی

rafi

اطاق انتظار

heblorde

عصا

beeke

گچ

tabak

پانسمان

bandaas

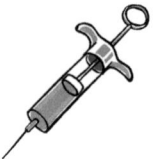

تزریق

pinggu

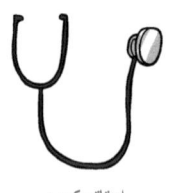

استاتسکوپ

estetoskop

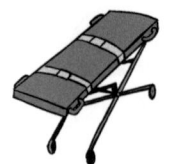

تذکره

pooɗoowo

ترمامیتر کلینیکی

termomeeter safrirdu

تولد

jibinande

اضافه وزن

ɓuttiɗgol

سمعک
....
ballal nanirɗe

ضدعفونی کننده
....
laɓɓinoowo

عفونت
....
raaɓo

وایروس
....
wiriis

اچ آی وی / ایدز
....
SIDAA

ادویه
....
lekki

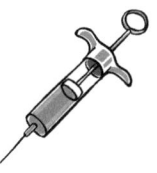

واکسیناسیون
....
ñakko

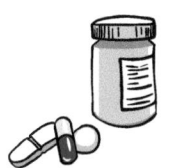

تابلیت ها
....
poɗɗe

تابلیت
....
foɗɗere

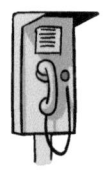

تماس اضطراری
....
noddaango heñiingo

مانیتور فشار خون
....
ÿeewtorde yaadu ÿiiyam

بیمار / سالم
....
faawŋi / selli

عاجل

heñorde

کمک!

Ballal

زنگ هشدار

pindinoowo

تجاوز

njangu

حمله

raaŋande

خطر

boomre

خروج اضطراری

yaltirde yaawnde

آتش!

Jeyngol

آله ضد حریق

ñifoowo jeyngol

حادثه

aksida

بکسه کمک های اولیه

saawdu safaara gadano

پیام اضطراری

SOS

پولیس

poliis

زمین
Leydi

اروپا
....
Orop

امریکای شمالی
....
Amarik Rewo

امریکای جنوبی
....
Amarik Worgo

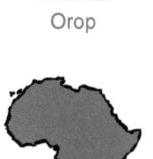

آفریقا
....
Afirik

آسیا
....
Aasi

استرالیا
....
Ostaraali

اقیانوس اطلس
....
Atalantik

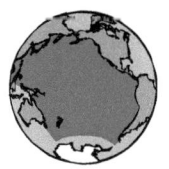

اقیانوس آرام
....
Pasifik

اقیانوس هند
....
Maayo Endo

اقیانوس منجمد جنوبی
....
Maayo Antarkatik

اقیانوس منجمد شمالی
....
Maayo Arkatik

قطب شمال
....
Baŋe Rewo

قطب جنوب

Baŋe Worgo

قاره قطب جنوب

Antarkatik

زمین

Leydi

خشکی

leydi

دریا

maayo

جزیره

siire

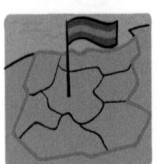

ملت

wuro

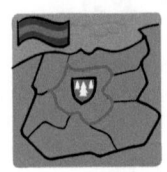

کشور

laamu

ساعت

waktu

روی ساعت

....

yeeso waktu

عقربه ساعت شمار

....

jungo waktu

عقربه دقیقه شمار

....

jungo hojoma

عقربه ثانیه شمار

....

jungo majaango

ساعت چند است؟

....

hol waktu?

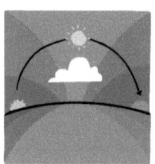

روز

....

ñalawma

زمان

....

saha

اکنون

....

jooni

ساعت دستی دیجیتل

....

mantoor nattoowo

دقیقه

....

hojoma

ساعت

....

waktu

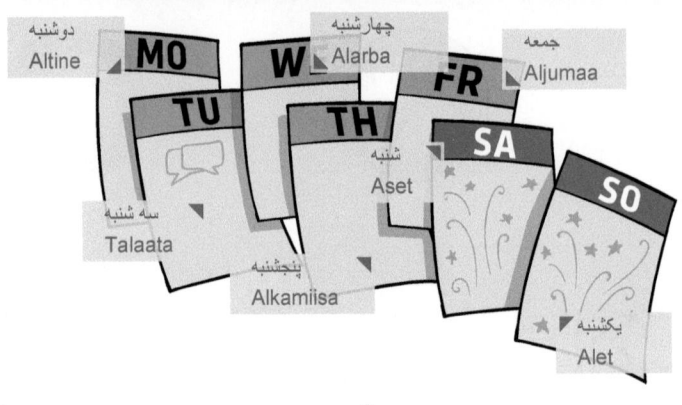

هفته

yontere

دوشنبه
Altine
MO
چهارشنبه
Alarba
W
جمعه
Aljumaa
FR
TU
TH
SA
سه شنبه
Talaata
شنبه
Aset
پنجشنبه
Alkamiisa
یکشنبه
Alet

1

دیروز
....
hanki

2

امروز
....
hande

3

فردا
....
jango

صبح
....
subaka

ظهر
....
ñalawma

غروب
....
kikiiɗe

MO TU WE TH FR SA SU
1 2 3 4 5 6 7
8 9 10 11 12 13 14
15 16 17 18 19 20 21
22 23 24 25 26 27 28
29 30 31 1 2 3 4

روزهای کاری
....
biir

MO TU WE TH FR SA SU
1 2 3 4 5 6 7
8 9 10 11 12 13 14
15 16 17 18 19 20 21
22 23 24 25 26 27 28
29 30 31 1 2 3 4

آخر هفته
....
ñalɗi

سال
hitaande

باران
tobo
رنگین کمان
timtimol
شمال
hendu
برف
nees
بهار
demminaare
خزان
ndunngu
تابستان
ceeɗu
زمستان
dabbunde

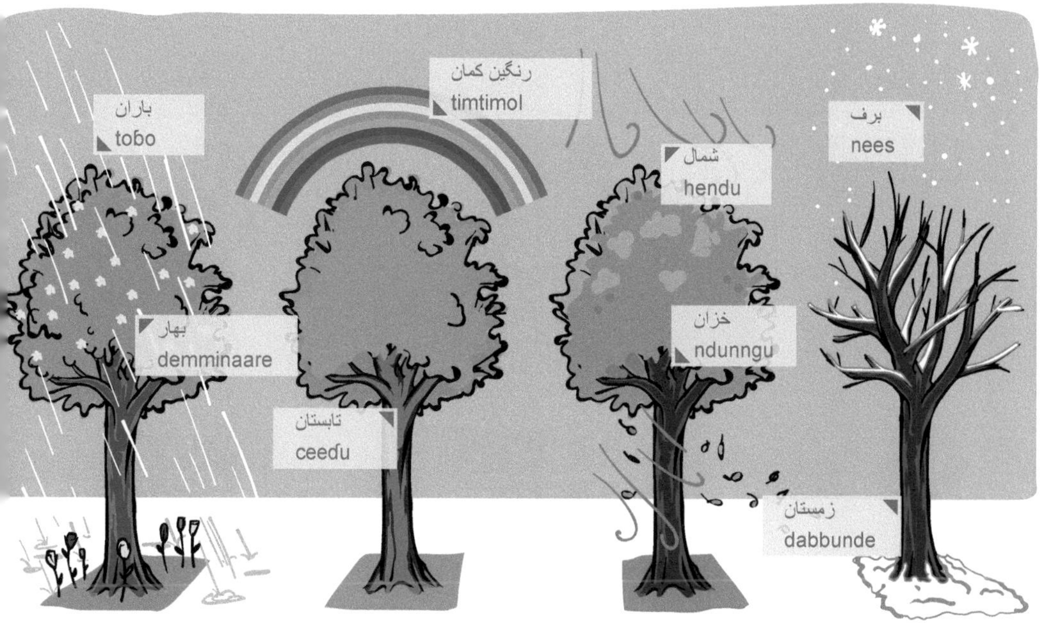

پیش بینی آب و هوا
kabaaru weeyo

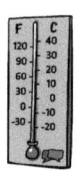

C

ترمامیتر
termomeeter

آفتاب
naaŋini

ابر
ruulde

غبار
cuurki

رطوبت
uddeende

رعد و برق

majje

الماسک

gidaango

طوفان

hendu

ژاله

huɗɗni

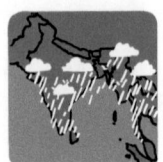

موسم بارندگی

ruulɗini

سیل

waame

یخ

nees

جنوری

Siilo

فبروری

Colte

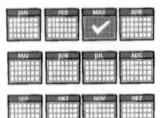

مارچ

Mbooy

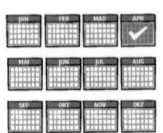

اپریل

Seeɗto

می

Duuyal

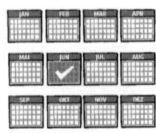

جون

Korse

جولای

Morse

اگست

Juko

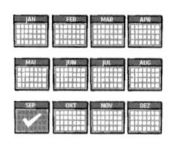

سپتمبر

Siilto

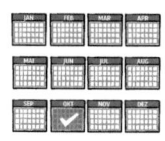

اکتوبر

Yarkoma

نومبر

Jolal

دسمبر

Bowte

شکل ها

ɓalli

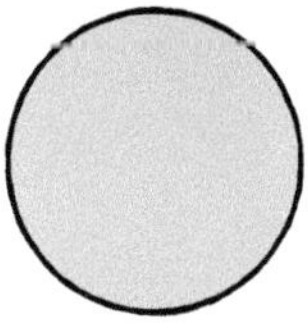

دایره

taarto

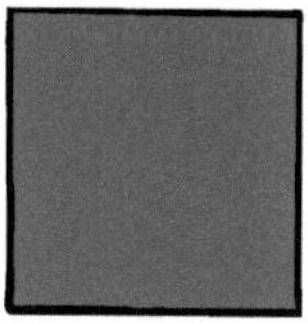

مربع

yaajeendi

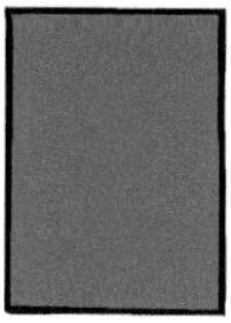

مستطیل

yaajo

مثلث

saraandi

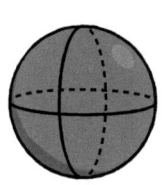

کره

mbiifu

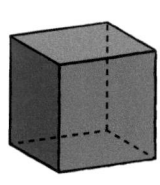

مکعب

kiibb

رنگ ها

sifaaji

سفید

daneejo

زرد

oolo

نارنجی

oraas

گلابی

roos

سرخ

boɗeejo

بنفش

mboongu

آبی

bulaajo

سبز

werte

نصواری/قهوه یی

cooyo

خاکستری

puro

سیاه

ɓaleejo

زیاد / کم

....

heewi / seeɗa

عصبانی / آرام

....

seki / deeyi

مقبول / بدرنگ

....

yooɗi / soofi

آغاز / پایان

....

fuuɗorde / gasirde

بزرگ / کوچک

....

mawɗo / tokooso

روشن / تیره

....

leeri / niɓɓiɗi

برادر / خواهر

....

maniraaɗo / miñiraaɗo

پاک / کثیف

....

laaɓi / tunwi

کامل / ناقص

....

timmi / manki

روز / شب

....

ñalawma / jamma

مرده / زنده

....

maayi / wuuri

عریض / باریک

....

yaaji / faaɗi

خوراکی / غیر خوراکی

nano / nanotaako

عصبانی / دوستانه

boni / moÿÿi

هیجان زده / کسل

softi / yoomi

چاق / لاغر

ɓuttiɗi / sewi

اول / آخر

adi / wattindi

دوست / دشمن

sehil / gaño

پر / خالی

heewi / ɓolɗi

سخت / نرم

muusi / weeɓi

سنگین / سبک

teddi / hoyi

گرسنگی / تشنگی

heege / ɗomka

بیمار / سالم

faawŋi / selli

غیر قانونی / قانونی

wona laawol / laawol

باهوش / احمق

feerti / muddiɗi

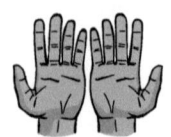

چپ / راست

nano / ñaamo

نزدیک / دور

ɓatti / woɗɗi

نو / کهنه

keso / kiiɗɗo

هیچ چیز / چیزی

ndiga / huunde

پیر / جوان

nayeejo / suka

روشن / خاموش

huɓɓi / ñifii

باز / بسته

uditi / uddii

بی صدا / پر سر و صدا

deeÿi / dille

ثروتمند / فقیر

alɗi / waasi

صحیح / غلط

goonga / fenaande

ناهموار/ هموار

tiiɗi / nooyi

غمگین / خوشحال

metti / weli

کوتاه / بلند

raɓɓiɗi / juuti

آهسته / سریع

leeli / yaawi

تر / خشک

leppi / yoori

گرم / سرد

wuli / ɓuuɓi

جنگ / صلح

hare / jam

0

صفر

ndiga

1

یک

gooto

2

دو

ɗiɗi

3

سه

tati

4

چهار

nay

5

پنج

joy

6

شش

jeegom

7

هفت

jeeɗiɗi

8

هشت

jeetati

9

نه

jeenay

10

ده

sappo

11

یازده

sappoy goo

12

دوازده

sappoy ɗiɗi

13

سیزده

sappoy tati

14

چهارده

sappoy nay

15

پانزده

sappoy joy

16

شانزده

sappoy jeegom

17

هفده

sappoy jeeɗiɗi

18

هجده

sappoy jeetati

19

نوزده

sappoy jeenay

20

بیست

noogaas

100

صد

teemedere

1.000

هزار

ujunere

1.000.000

میلیون

miliyooŋ

زبان ها

ɗemɗe

انگلیسی

Aŋale

انگلیسی امریکایی

Aŋale Amarik

چینی ماندارین

Mandare Siinaaɓe

هندی

Hindi

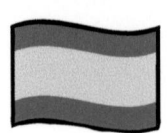

اسپانیایی

Españool

فرانسوی

Farayse

عربی

Arab

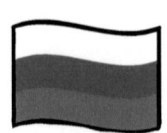

روسی

Riis

پرتغالی

Portigees

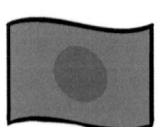

بنگالی

Bengali

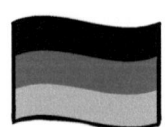

آلمانی

Almaa

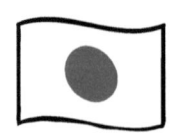

جاپانی

Sapponee

کی/چی/چطور
holoon / holɗuum / holnoon

من

miin

شما

an

او / او / آن

kanko / kanko / kanum

ما

minen

شما

onon

آن ها

kambe

کی؟

holoon?

چی؟

holɗuum?

چطور؟

holnoon?

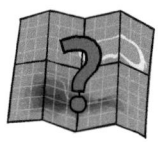

کجا؟

holtoon?

چه وقت؟

mande?

اسم

inde

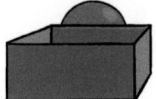

کجا

holtoon

عقب

caggal

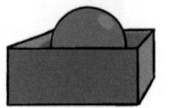

در

nder

پیش روی

sawndo

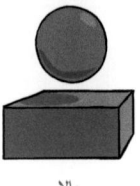

بالا

dow

روی

e

زیر

les

پهلو

sara

میان

hakkunde

محل

nokku